المدرسة - škola — 2
سفر - cesta — 5
نقل - transport — 8
مدينة - město — 10
طبيعة ريفية - krajina — 14
مطعم - restaurace — 17
سوبرماركت - supermarket — 20
مشروبات - nápoje — 22
طعام - jídlo — 23
مزرعة - usedlost — 27
بيت - dům — 31
غرفة جلوس - obývací pokoj — 33
مطبخ - kuchyně — 35
الحمّام - koupelna — 38
غرفة الأطفال - dětský pokoj — 42
ثياب - oblečení — 44
مكتب - kancelář — 49
اقتصاد - hospodářství — 51
المهن - povolání — 53
عدة عمل - nářadí — 56
آلات موسيقية - hudební nástroje — 57
حديقة حيوانات - zoo — 59
رياضة - sport — 62
نشاطات - aktivity — 63
عائلة - rodina — 67
الجسم - tělo — 68
المستشفى - nemocnice — 72
حالة - urgentní případ — 76
أرض - země — 77
ساعة - hodiny — 79
أسبوع - týden — 80
سنة - rok — 81
أشكال - tvary — 83
ألوان - barvy — 84
الأضداد - protiklady — 85
أرقام - čísla — 88
اللغات - jazyky — 90
من / ماذا / كيف - Kdo / co / jak — 91
أين - kde — 92

AF206772

Impressum
Verlag: BABADADA GmbH, Nedderfeld 112 , 22529 Hamburg
Geschäftsführer / Verlagsleitung: Harald Hof
Druck: Books on Demand GmbH, In de Tarpen 42, 22848 Norderstedt

Imprint
Publisher: BABADADA GmbH, Nedderfeld 112 , 22529 Hamburg, Germany
Managing Director / Publishing direction: Harald Hof
Print: Books on Demand GmbH, In de Tarpen 42, 22848 Norderstedt, Germany

المدرسة

škola

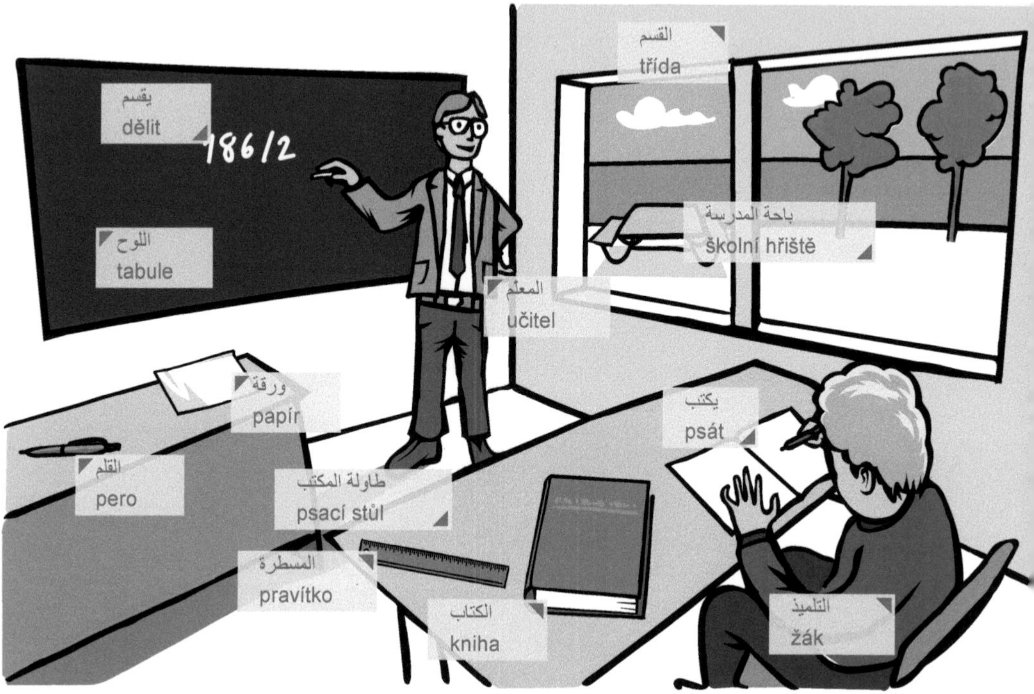

يقسم
dělit
186/2
القسم
třída
اللوح
tabule
باحة المدرسة
školní hřiště
المعلّم
učitel
ورقة
papír
يكتب
psát
القلم
pero
طاولة المكتب
psací stůl
المسطرة
pravítko
الكتاب
kniha
التلميذ
žák

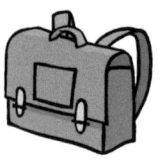

الحقيبة المدرسية

....

aktovka

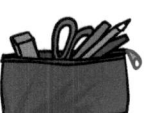

المقلمة

....

penál

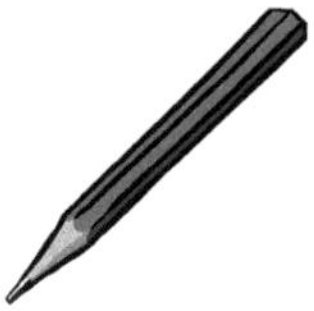

قلم الرصاص

....

tužka

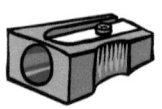

البرّاية

....

ořezávátko

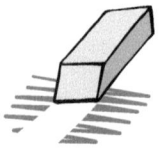

المِمحاة

....

guma

دفتر الرسم

....

blok na kreslení

الرسمة

výkres

الفرشاة

štětec

علبة التلوين

malířské potřeby

المقص

nůžky

المادة اللاصقة

lepidlo

دفتر التمارين

cvičebnice

الواجب المدرسي

domácí úkol

12

الرقم

počet

2+2

يجمع

sčítat

5-2

بطرح

odčítat

2×2

يضرب

násobit

يحسب

počítat

A

الحرف

písmeno

ABCDEFG HIJKLMN OPQRSTU VWXYZ

الأبجدية

abeceda

hello

كلمة

slovo

النص

text

يقرأ

číst

الطبشور

křída

الحصة

hodina

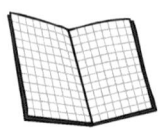

دفتر الدوام المدرسي

třídní kniha

الامتحان

zkouška

شهادة

vysvědčení

اللباس المدرسي

školní uniforma

التعليم

vzdělání

الموسوعة

encyklopedie

الجامعة

univerzita

المجهر

mikroskop

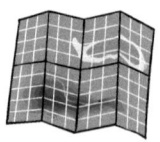

الخريطة

karta

قماما

odpadkový koš na papír

سفر

cesta

فندق
hotel
Grand
بيت الشباب
ubytovna
ROOMS
مكتب صرافة
směnárna
حقيبة
kufr
سيارة
auto

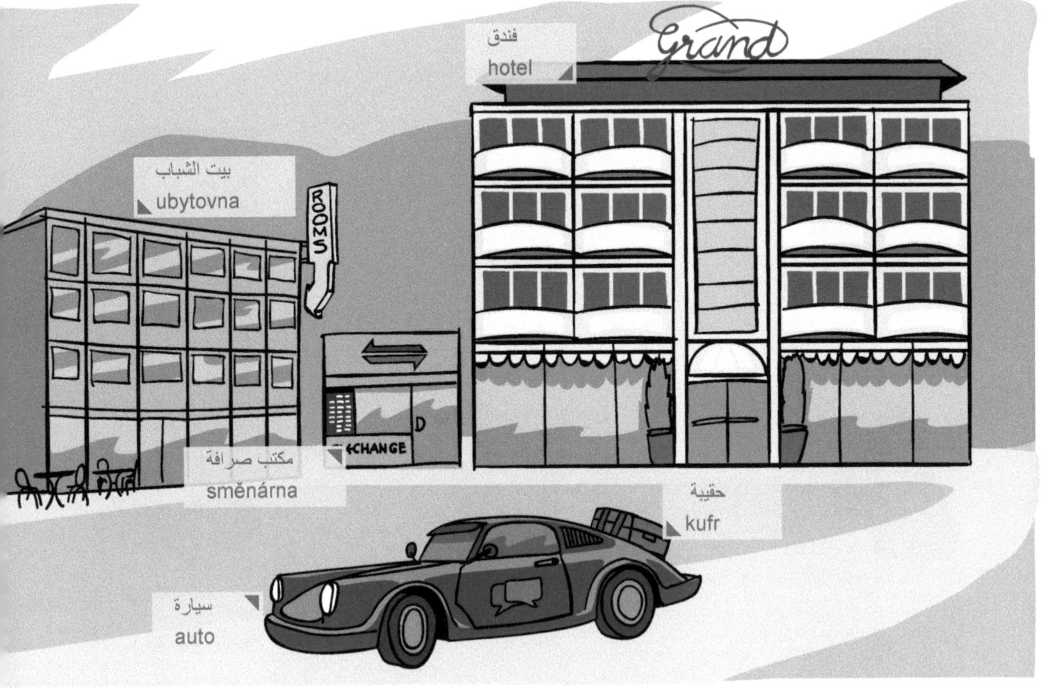

اللغة

jazyk

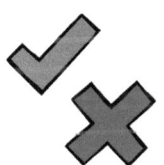

نعم / لا

ano / ne

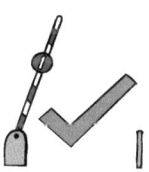

حسناً

oukej

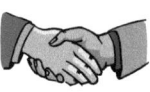

مرحباً

Ahoj!

مترجم

překladatel

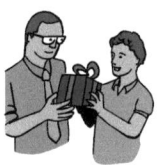

شكراً

děkuji

كم ثمن ... ؟

Kolik stojí...?

لا أفهم

nerozumím

مشكلة

problém

مساء الخير

Dobrý večer!

صباح الخير!

Dobré ráno!

ليلة سعيدة

Dobrou noc!

إلى اللقاء

na shledanou

اتجاه

směr

أمتعة السفر

zavazadlo

حقيبة

taška

حقيبة ظهر

batoh

ضيف

host

غرفة

pokoj

كيس للنوم

spací pytel

خيمة

stan

استعلامات سياحية

turistické informace

شاطئ

pláž

بطاقة ائتمان

kreditní karta

إفطار

snídaně

طعام الغداء

oběd

العشاء

večeře

بطاقة سفر

jízdenka

مصعد

výtah

طابع بريدي

poštovní známka

حدود

hranice

الجمارك

clo

سفارة

poselství

تأشيرة

vízum

جواز سفر

pas

transport

سفينة
▶ loď

طائرة
letadlo ◀

سيارة إطفاء
hasičský vůz

حافلة
autobus

سيارة شاحنة
nákladní vůz

زورق آلي
motorový člun

دراجة
kolo

سيارة
auto

عبارة
....
přívoz

قارب
....
člun

دراجة نارية
....
motorka

سيارة شرطة
....
policejní auto

سيارة سباق
....
závodní auto

سيارة مستأجرة
....
pronajaté auto

أسلوب تشاركي في استئجار السيارات

sdílení aut

سيارة للجر

odtahová služba

سيارة نقل القمامة

popelářský vůz

محرك

motor

وقود

palivo

محطة وقود

čerpací stanice

إشارة مرور

dopravní značka

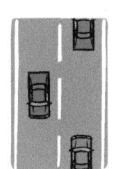

حركة السير

doprava

ازدحام سير

dopravní zácpa

موقف سيارات

parkoviště

محطة قطار

vlakové nádraží

سكك حديدية

koleje

قطار

vlak

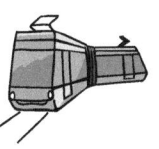

ترام

tramvaj

عربة قطار

vagón

طائرة مروحية

helikoptéra

مطار

letiště

برج

věž

مسافر

pasažér

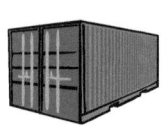

حاوية

kontejner

علبة كرتون

kartón

عربة يد

trakař

سلة

koš

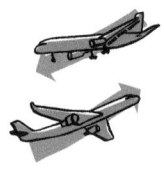

يقلع / يهبط

vzlétnout / přistát

مدينة

město

قرية

vesnice

مركز المدينة

střed města

بيت

dům

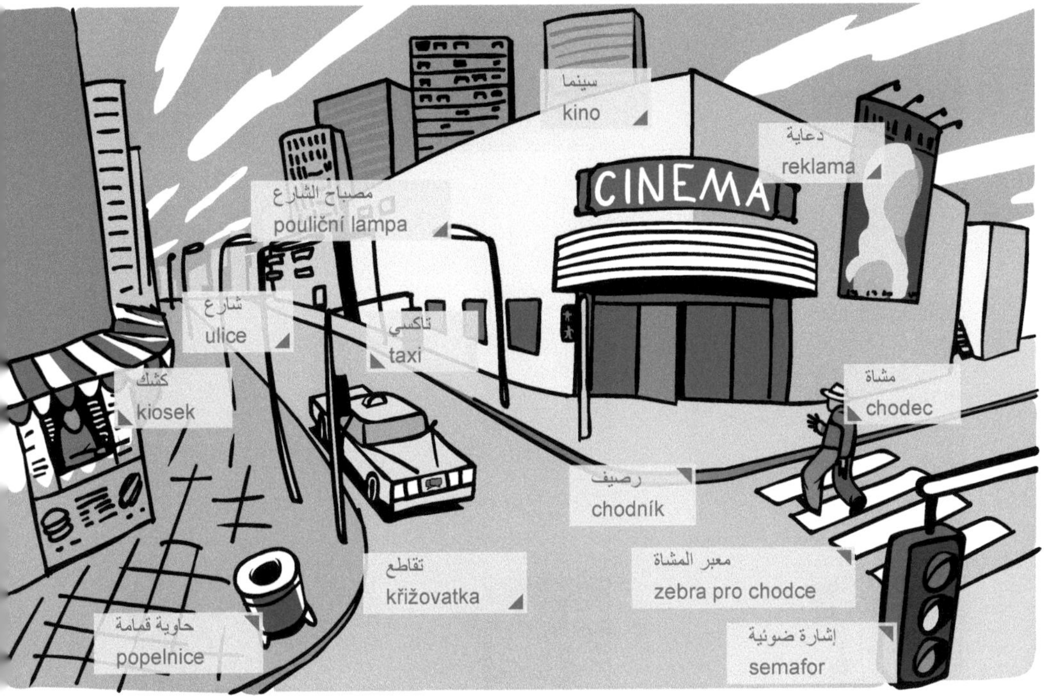
CINEMA
سينما
kino
دعاية
reklama
مصباح الشارع
pouliční lampa
شارع
ulice
تاكسي
taxi
كشك
kiosek
مشاة
chodec
رصيف
chodník
معبر المشاة
zebra pro chodce
تقاطع
křižovatka
حاوية قمامة
popelnice
إشارة ضوئية
semafor

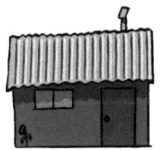

كوخ

chata

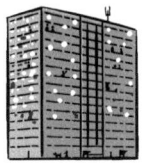

شقة

byt

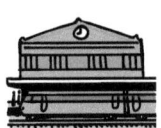

محطة قطار

vlakové nádraží

دار البلدية

radnice

MUSEUM

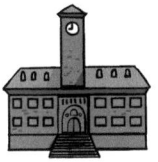

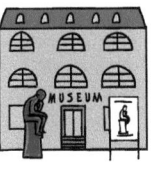

متحف

muzeum

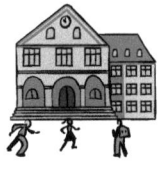

المدرسة

škola

الجامعة

univerzita

مصرف

banka

المستشفى

nemocnice

فندق

hotel

صيدلية

lékárna

مكتب

kancelář

مكتبة

knihkupectví

متجر

obchod

محل لبيع الزهور

květinářství

سوبرماركت

supermarket

سوق

tržnice

متجر كبير

obchodní dům

تاجر السمك

rybárna

مركز تسوّق

nákupní centrum

ميناء

přístav

حديقة عامة

park

مقعد

lavička

جسر

most

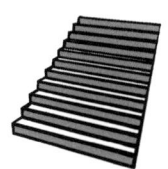

درج، سلم

schody

مترو

metro

نفق

tunel

موقف حافلات

autobusová zastávka

بار

bar

مطعم

restaurace

صندوق البريد

poštovní schránka

لافتة باسم الشارع

pouliční tabule

مقياس زمن الوقوف

parkovací hodiny

حديقة حيوانات

zoo

مسبح

plovárna

مسجد

mešita

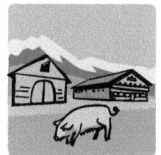

مزرعة

usedlost

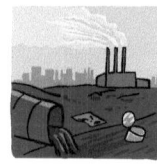

تلوث البيئة

znečišťování životního prostředí

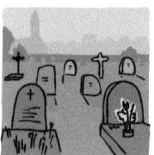

مقبرة

hřbitov

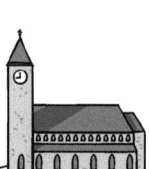

كنيسة

církev

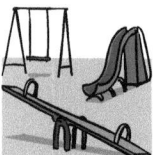

ملعب الأطفال

hřiště

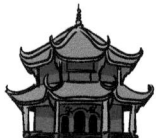

معبد

chrám

طبيعة ريفية

krajina

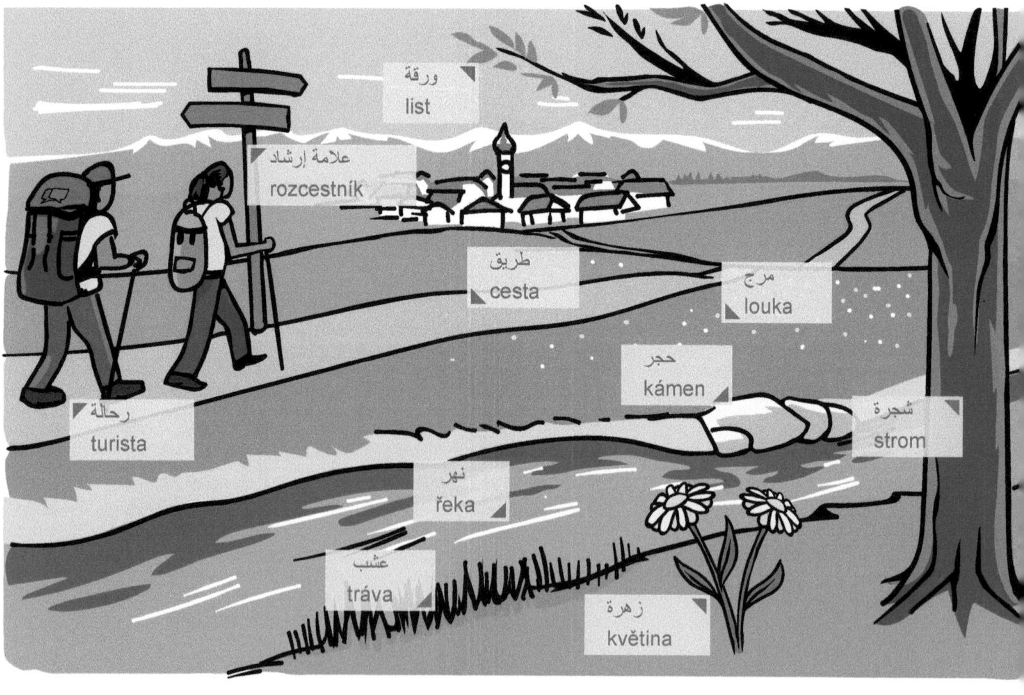
ورقة
list
علامة إرشاد
rozcestník
طريق
cesta
مرج
louka
حجر
kámen
رحالة
turista
شجرة
strom
نهر
řeka
عشب
tráva
زهرة
květina

وادٍ

údolí

جبل

hora

بحيرة

jezero

غابة

les

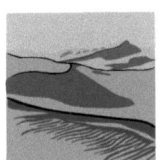

صحراء

poušť

بركان

sopka

قلعة

zámek

قوس قزح

duha

فِطر

houba

نخلة

palma

بعوض

komár

ذبّانة

moucha

نملة

mravenec

نحلة

včela

عنكبوت

pavouk

خنفساء

brouk

ضفدعة

žába

سنجاب

veverka

قنفذ

ježek

أرنب

zajíc

بومة

sova

عصفور

pták

بجعة

labuť

خنزير برّي

divoké prase

غزال

jelen

إلكة

los

سد

přehrada

دولاب الطاحونة الهوائية

větrné kolo

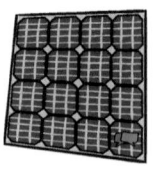

خلية شمسية

solární panel

مناخ

podnebí

مطعم
restaurace

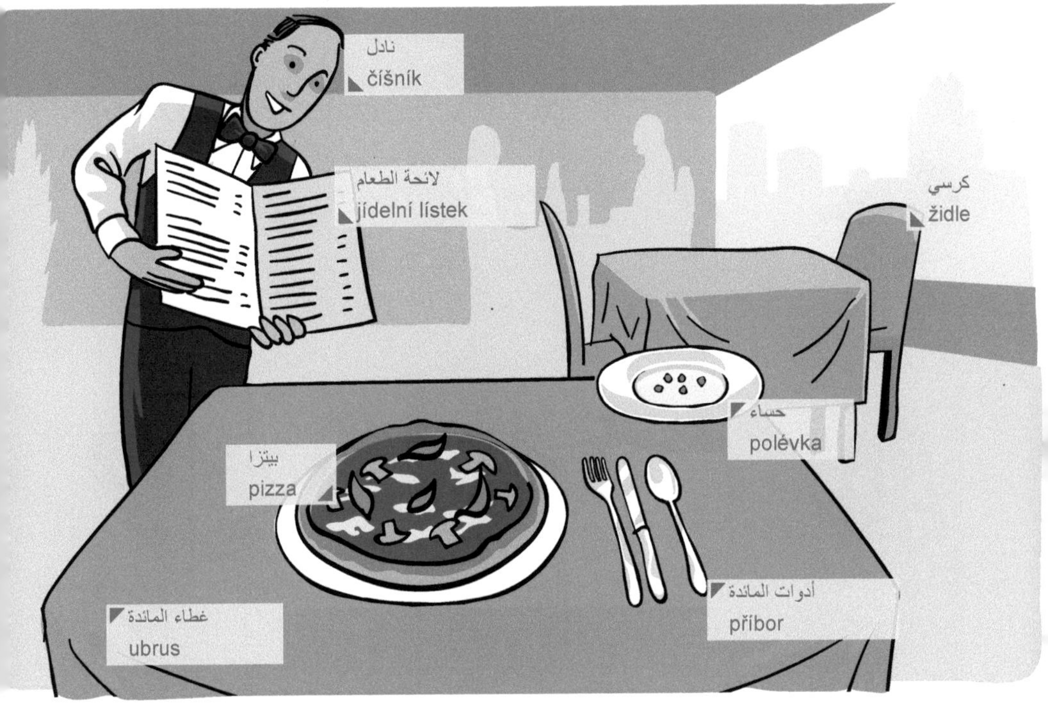
نادل
číšník
لائحة الطعام
jídelní lístek
كرسي
židle
حساء
polévka
بيتزا
pizza
أدوات المائدة
příbor
غطاء المائدة
ubrus

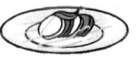

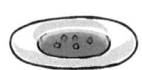

مقبلات

předkrm

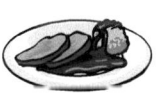

الصحن الرئيسي

hlavní chod

حلوى أو فاكهة بعد الطعام

dezert

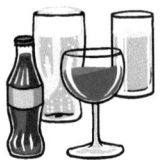

مشروبات

nápoje

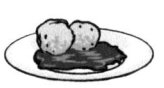

طعام

jídlo

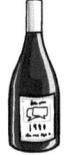

زجاجة

láhev

وجبات سريعة

rychlé občerstvení

طعام الشارع

pouliční občerstvení

إبريق الشاي

čajová konvice

علبة السكر

cukřenka

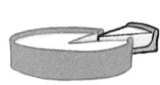

حصّة

porce

آلة الإسبريسو

kávovar na espresso

كرسي عالٍ

dětská stolička

فاتورة

faktura

صينية

tác

سكين

nůž

شوكة

vidlička

ملعقة

lžíce

ملعقة الشاي

čajová lyžička

منديل المائدة

ubrousek

كأس

sklenička

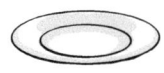

صحن

talíř

صحن الحساء

talíř na polévku

صحن الفنجان

podšálek

صلصة

omáčka

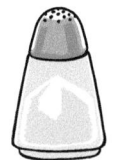

مملحة

slánka

مطحنة الفلفل

mlýnek na pepř

خلّ

ocet

زيت الطعام

olej

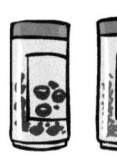

توابل

koření

كتشاب

kečup

خردل

hořčice

مايونيز

majonéza

سوبرماركت

supermarket

عرض خاص
nabídka
FOR
زبون
zákazník
مشتقات الحليب
mléčné výrobky
فواكه
ovoce
عربة تسوّق
nákupní vozík

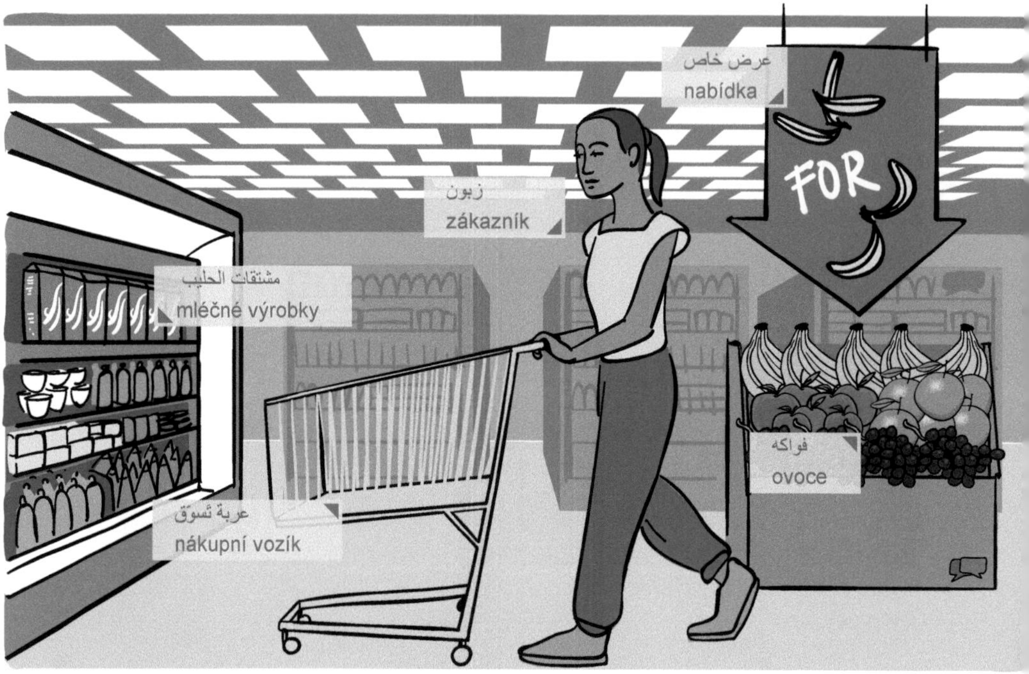

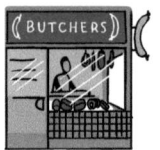

BUTCHERS

جزّار

masna

BAKERY

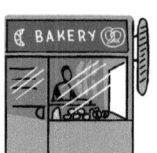

مخبز

pekařství

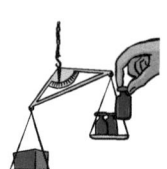

يزن

vážit

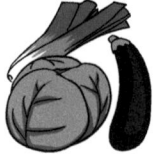

خضار

zelenina

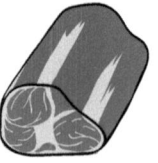

لحم

maso

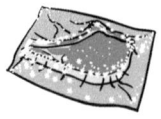

المأكولات المجمّدة

mražené potraviny

مرتدلا أو جبن

obložený talíř

معلبات

konzervy

مسحوق الغسيل

prací prášek

حلويات

cukrovinky

المواد المنزلية

výrobky pro domácnost

منظفات

čisticí prostředek

بائعة

prodavačka

صندوق الحساب

pokladna

أمين صندوق

pokladní

قائمة المشتريات

nákupní seznam

أوقات العمل

otevírací doba

محفظة النقود

peněženka

بطاقة ائتمان

kreditní karta

حقيبة

taška

كيس بلاستيكي

igelitová taška

ماء

voda

عصير

džus

حليب

mléko

كولا

kola

نبيذ

víno

بيرة

pivo

كحول

alkohol

كاكاو

kakao

شاي

čaj

قهوة

káva

قهوة إسبريسو

espresso

كابوتشينو

kapučíno

موزة

banán

تفاح

jablko

برتقال

pomeranč

بطيخ

meloun

ليمون

citrón

جزرة

mrkev

ثوم

česnek

خيزران

bambus

بصل

cibule

فطر

houba

لوزيات

ořechy

شعيرية

těstoviny

سباغيتي

špageti

أرزّ

rýže

سلطة

salát

بطاطا مقلية

hranolky

بطاطا مقلية

americké brambory

بيتزا

pizza

هامبورغر

hamburger

ساندويش

sendvič

شريحة لحم مقلية

řízek

لحم خنزير

šunka

سلامي

salám

سجق

salám

دجاج

kuře

لحم محمر

pečeně

سمك

ryby

دقيق الشوفان

ovesné vločky

موسلي

müsli

كورن فلكس

vločky

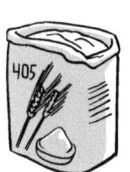

طحين

mouka

كرواسان

croissant

خبز صغير

houska

خبز

chléb

خبز محمص

toast

بسكويت

sušenky

زبدة

máslo

لبن زبادي

tvaroh

كعكة

buchta

بيضة

vejce

بيض مقلي

volské oko

جبنة

sýr

مثلجات

zmrzlina

سكر

cukr

عسل

med

مربّى الفاكهة

marmeláda

كريم النوغا

nugátový krém

الكاري

kari

مزرعة
usedlost

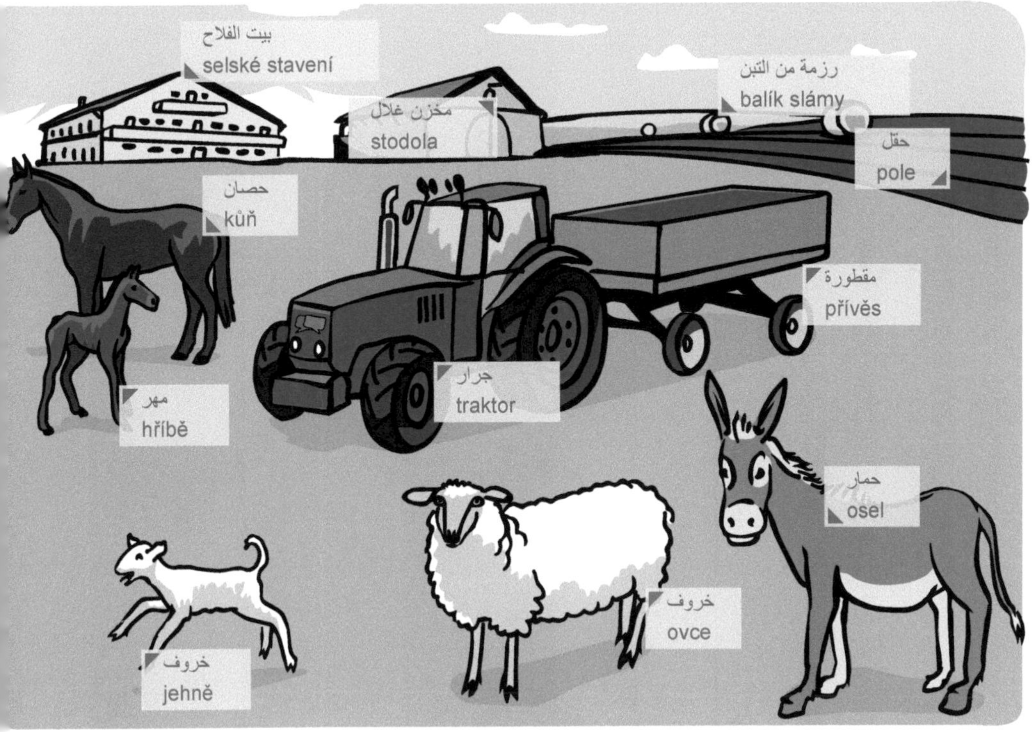

بيت الفلاح
selské stavení
مخزن غلال
stodola
رزمة من التبن
balík slámy
حقل
pole
حصان
kůň
مقطورة
přívěs
مهر
hříbě
جرار
traktor
حمار
osel
خروف
ovce
خروف
jehně

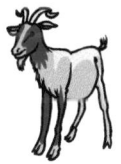

ماعز
....
koza

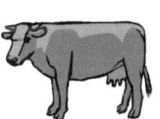

بقرة
....
kráva

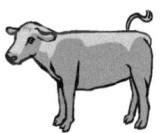

عجل
....
tele

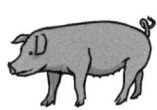

خنزير
....
prase

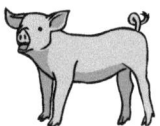

خنزير صغير
....
sele

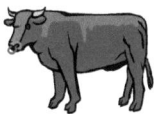

ثور
....
býk

إوزّة

husa

بطة

kachna

صوص

kuře

دجاجة

slepice

ديك

kohout

جرذ

krysa

قطّة

kočka

فأر

myš

ثور

vůl

كلب

pes

كوخ الكلب

psí bouda

خرطوم الحديقة

zahradní hadice

إبريق

kropicí konev

منجل

kosa

المحراث

pluh

منجل

srp

معزقة

motyka

مذراة الزبل

vidle

بلطة

sekera

عربة يد

kolecko

معلف

koryto

صفيحة الحليب

konev na mléko

كيس

pytel

سياج

plot

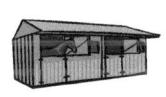

اصطبل

stáj

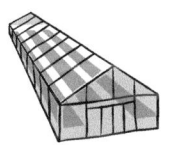

دفيئة

skleník

تربة

půda

بذور

osivo

سماد

hnojivo

حصّادة درّاسة

kombajn

يحصد

sklidit

محصول

sklizeň

بطاطا يامس

smldinec

قمح

pšenice

صويا

sója

بطاطا

brambora

ذرة

kukuřice

سلجم

řepka

شجرة فاكهة

ovocný strom

نبات منيهوت

maniok

الحبوب

obilí

بيت
dům

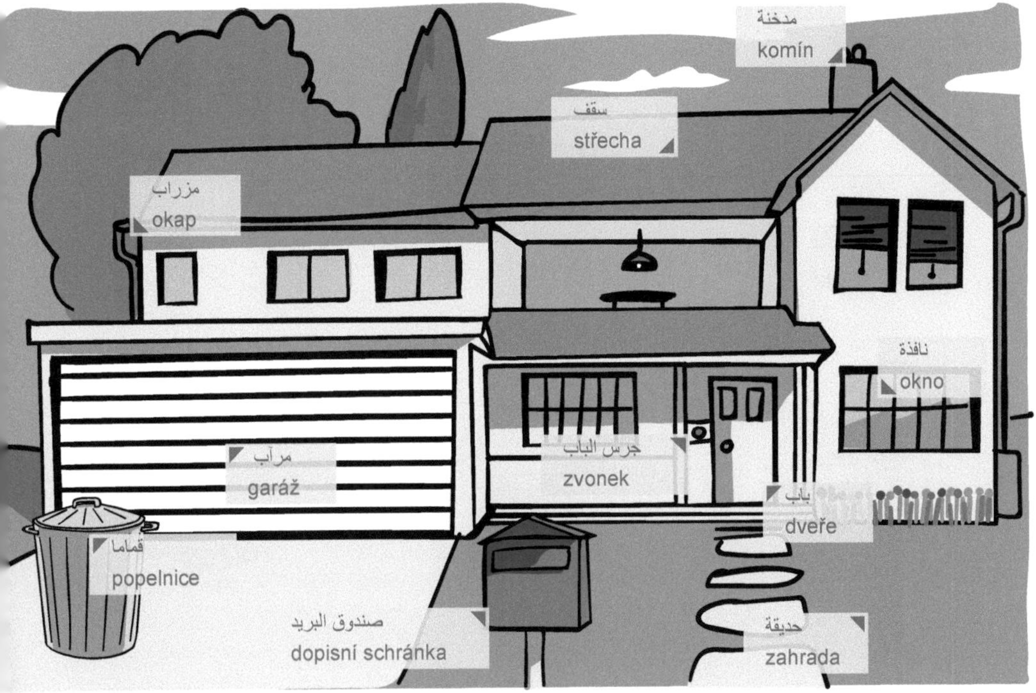
مدخنة
komín
سقف
střecha
مزراب
okap
نافذة
okno
جرس الباب
zvonek
مرآب
garáž
باب
dveře
قمامة
popelnice
صندوق البريد
dopisní schránka
حديقة
zahrada

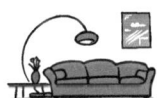

غرفة جلوس
obývací pokoj

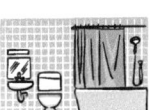

الحمّام
koupelna

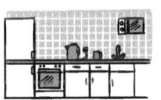

مطبخ
kuchyně

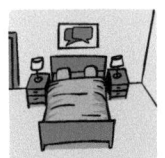

غرفة النوم
ložnice

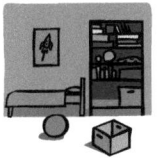

غرفة الأطفال
dětský pokoj

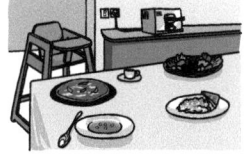

غرفة الطعام
jídelna

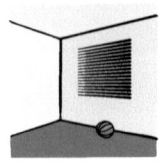

أرضية
....
podlaha

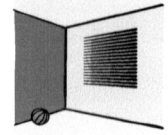

حائط
....
zeď

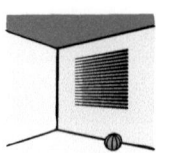

سقف
....
deka

قبو
....
sklep

ساونا
....
sauna

بلكون
....
balkón

شرفة
....
terasa

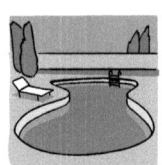

مسبح
....
bazén

جزّازة العشب
....
sekačka na trávu

بياضات السرير
....
ložní prádlo

بطانية
....
lůžková přikrývka

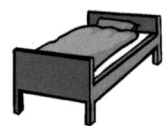

سرير
....
postel

مكنسة
....
smeták

سطل
....
kýbl

مفتاح كهرباني
....
vypínač

غرفة جلوس

obývací pokoj

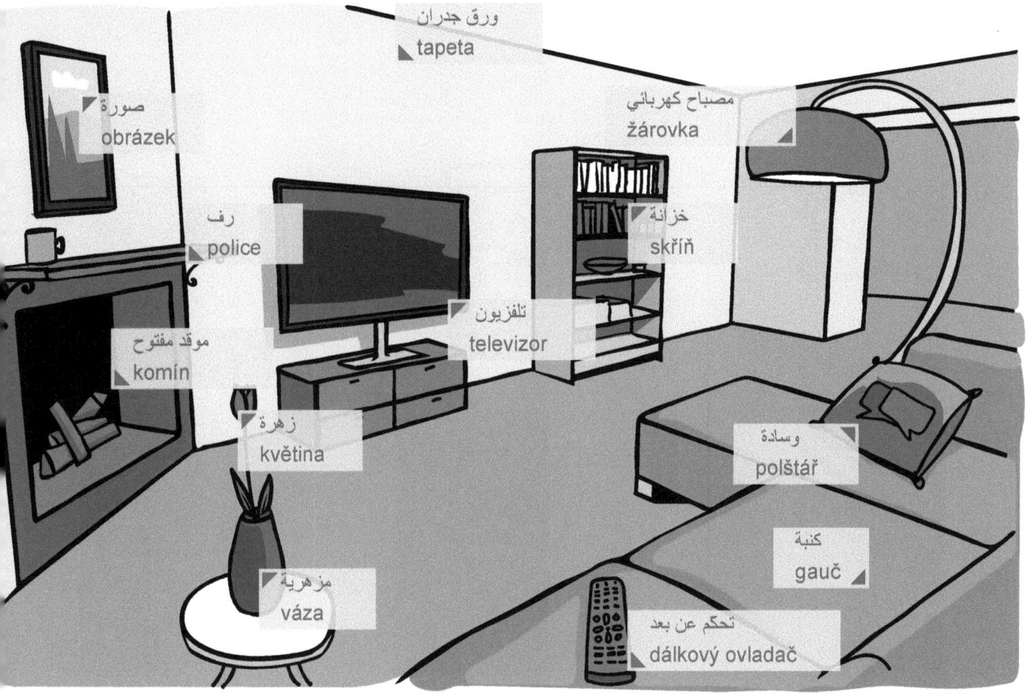

ورق جدران
tapeta
صورة
obrázek
مصباح كهربائي
žárovka
رف
police
خزانة
skříň
تلفزيون
televizor
موقد مفتوح
komín
زهرة
květina
وسادة
polštář
كنبة
gauč
مزهرية
váza
تحكم عن بعد
dálkový ovladač

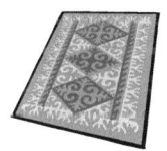

بصاط

koberec

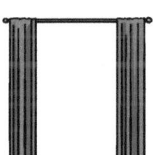

ستارة

závěs

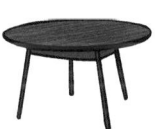

طاولة

stůl

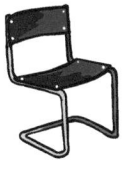

كرسي

židle

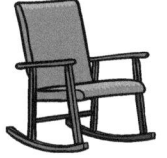

كرسي هزّاز

houpací křeslo

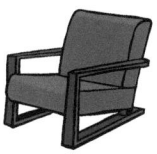

كرسي ذو ذراعين

křeslo

الكتاب

kniha

بطانية

strop

زخرفة

ozdoba

الحطب

palivové dříví

فيلم

film

تجهيزات ستيريو

stereo souprava

مفتاح

klíč

جريدة

noviny

لوحة مرسومة

malba

مُلصق

plakát

راديو

rádio

دفتر ملاحظات

poznámkový blok

المكنسة الكهربائية

vysavač

صبّار

kaktus

شمعة

svíce

مطبخ
kuchyně

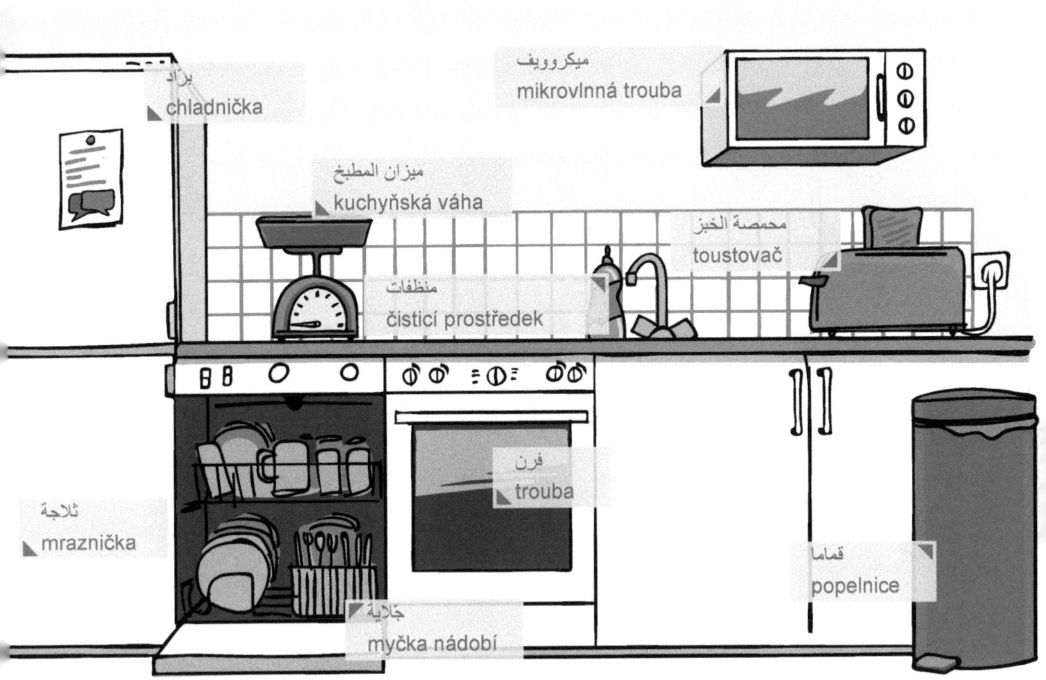

برّاد
chladnička
ميكروويف
mikrovlnná trouba
ميزان المطبخ
kuchyňská váha
محمصة الخبز
toustovač
منظفات
čisticí prostředek
فرن
trouba
ثلاجة
mraznička
قمامة
popelnice
جلاية
myčka nádobí

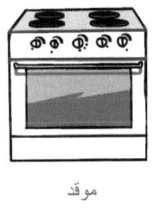

موقد
sporák

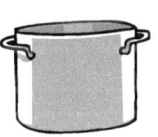

قدر
hrnec

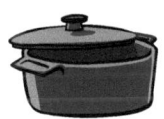

وعاء من الحديد
litinový hrnec

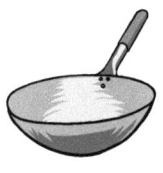

قدر صيني
wok / kadai

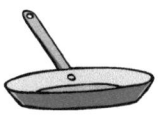

مقلاة
pánev

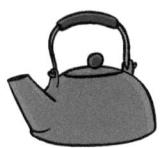

غلاية
varná konvice

قدر البخار

parní hrnec

صينية

plech na pečení

أواني

nádobí

فنجان

hrnek

صحن

miska

عيدان الأكل

jídelní hůlky

مغرفة

naběračka

ملعقة منبسطة

obracečka

خفاقة

metla

مصفاة

síto

مصفاة

cedník

مِبشرة

struhadlo

هاون

hmoždíř

شواء

gril

موقد

ohniště

لوح التقطيع

prkénko na krájení

نشّابة

váleček na těsto

مفتاح الزجاجات

vývrtka

علبة

dóza

مفتاح العلب المعدنية

otvírák na konzervy

قماش الفرن

chňapka

مجلى

umyvadlo

فرشاة

kartáč na nádobí

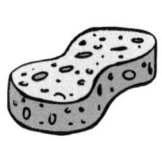

إسفنج

houba

خلاط

mixér

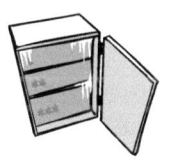

مجمّدة

mrazák

زجاجة الطفل

dětská lahev

صنبور الماء

kohoutek

الحمّام

koupelna

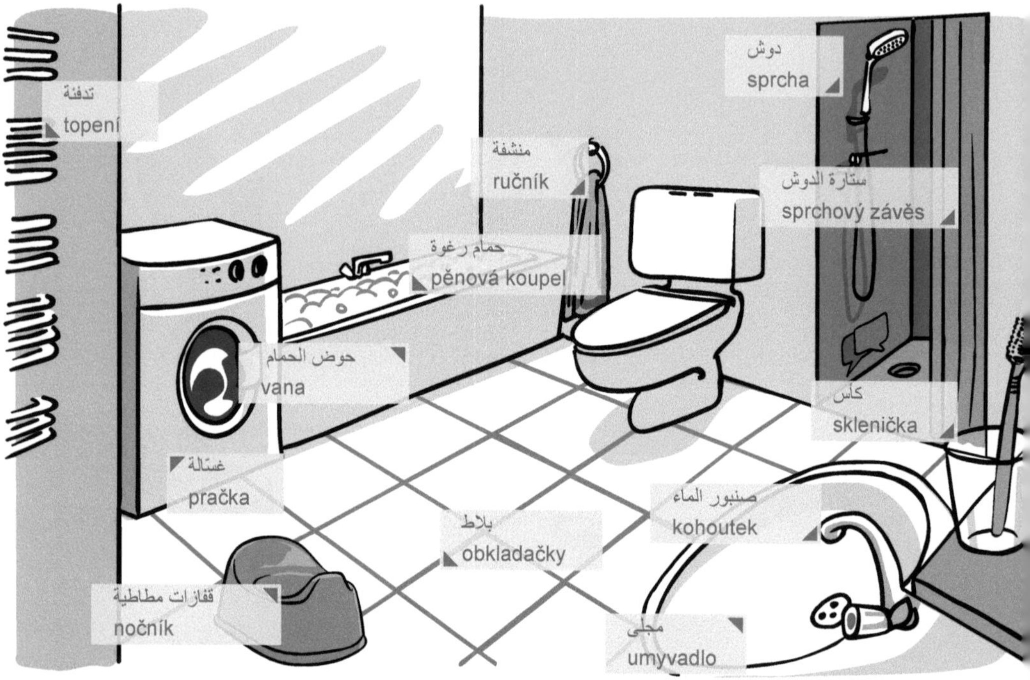

دوش
sprcha
تدفئة
topení
منشفة
ručník
ستارة الدوش
sprchový závěs
حمام رغوة
pěnová koupel
حوض الحمام
vana
كأس
sklenička
غسّالة
pračka
صنبور الماء
kohoutek
بلاط
obkladačky
قفازات مطاطية
nočník
مجلى
umyvadlo

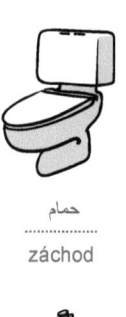

حمام

záchod

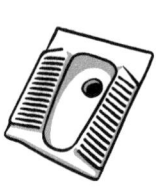

مرحاض القرفصاء

turecký záchod

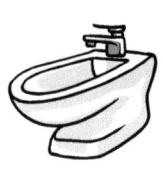

حوض التشطيف

bidet

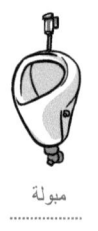

مبولة

pisoár

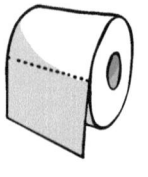

ورق المرحاض

toaletní papír

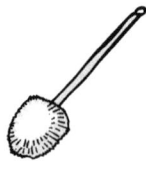

فرشاة الحمام

záchodová štětka

فرشاة الأسنان

zubní kartáček

معجون الأسنان

zubní pasta

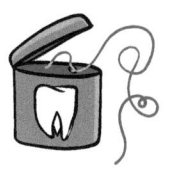

خيط حرير لتنظيف الأسنان

zubní niť

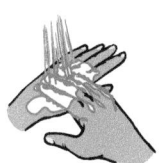

يغسل

mýt

رشاش ماء يدوي

ruční sprcha

شطاف

intimní sprcha

حوض الغسيل

umyvadlo

فرشاة الظهر

kartáč na záda

صابون

mýdlo

جيل الدوش

sprchový gel

شامبو

šampón

ممسحة

žínka

مصرف للماء

odpad

مرهم

krém

مزيل الروائح

deodorant

مرآة

zrcadlo

مرآة يد

kosmetické zrcátko

موس حلاقة

holicí strojek

رغوة الحلاقة

pěna na holení

كولونيا

voda po holení

مشط

hřeben

فرشاة

kartáč

سشوار

fén

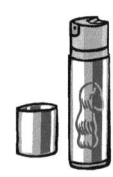

مثبت للشعر

lak na vlasy

ماكياج

makeup

روج

rtěnka

طلاء أظافر

lak na nehty

قطن

vata

مقص أظافر

nůžky na nehty

عطر

parfém

سلّة الغسيل

taška s toaletními potřebami

مقعد صغير

stolička

ميزان

váha

معطف الحمام

župan

قفازات مطاطية

gumové rukavice

سدادة قطنية

tampón

منشفة صحية

dámská vložka

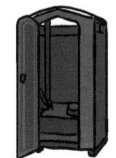

تواليت كيميائية

chemická toaleta

غرفة الأطفال
dětský pokoj

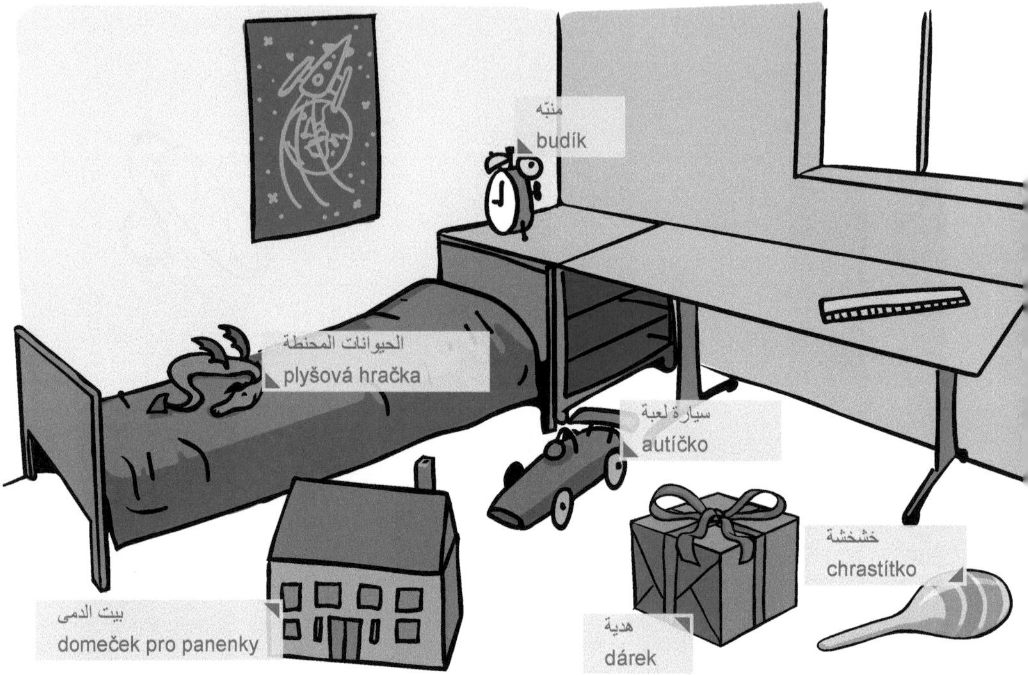
منبه
budík
الحيوانات المحنطة
plyšová hračka
سيارة لعبة
autíčko
خشخشة
chrastítko
بيت الدمى
domeček pro panenky
هدية
dárek

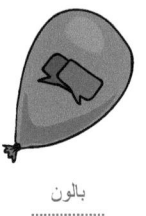

بالون
balón

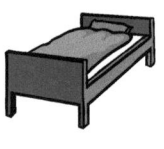

سرير
postel

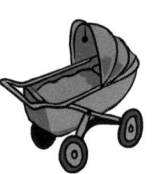

عربة الأطفال
kočárek

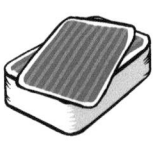

لعبة الورق
balíček karet

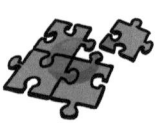

أحجية
puzzle

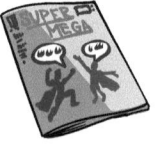

رسوم هزلية
komiks

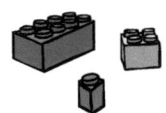

أحجار الليغو

lego kostky

حجارة تركيب

stavebnice

دمية بطل

akční figurka

لباس الطفل

dupačky

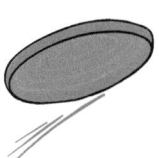

فريسبي

frisbee

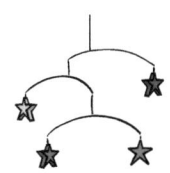

دمية معلّقة

závěsné hračky nad
postýlku

لعبة الطاولة

desková hra

لعبة النرد

kostky

لعبة قطار

modelová železnice

مصّاصة

dudlík

حفلة

oslava

كتاب مصوّر

obrázková kniha

كرة

míč

دمية

panenka

يلعب

hrát si

ملعب رملي للأطفال

pískoviště

أرجوحة

houpačka

لعبة

hračky

ألعاب فيديو

hrací konzole

دراجة ثلاثية

tříkolka

دمية على شكل الدب

medvídek

خزانة الثياب

šatník

ثياب

oblečení

جوارب قصيرة

ponožky

جوارب طويلة

punčochy

جورب بنطلون

punčochové kalhoty

شال
šála

شمسية
deštník

تي شيرت
tričko

حزام
pásek

حذاء شتوي
kozačky

شبشب
domácí obuv

أحذية رياضية
tenisky

صندل
....
sandály

حذاء
....
obuv

جزمة كاوتشوك
....
holínky

سروال داخلي
....
spodní prádlo

صدّارة
....
podprsenka

قميص داخلي
....
nátělník

لباس ملاصق للجسم

body

بنطلون

kalhoty

جينز

džíny

تنورة

sukně

بلوزة

blůza

قميص

košile

سترة قطنية

svetr

كنزة كم طويل

mikina

سترة فضفاضة

blejzr

سترة

bunda

معطف

kabát

معطف مطري

pláštěnka

زي - طقم نسائي

kostým

ثوب

šaty

ثوب الزفاف

svatební šaty

طقم

oblek

قميص نوم

noční košile

بيجاما

pyžamo

ساري

sárí

حجاب

šátek na hlavu

عمامة

turban

برقع

burka

قفطان

kaftan

عباءة

abája

مايوه

plavky

سروال سباحة

pánské plavky

شرت

kraťasy

بدلة رياضية

tepláková souprava

مئزر

zástěra

قفازات

rukavice

زر

knoflík

نظّارة

brýle

إسوارة

náramek

عقد

náhrdelník

خاتم

prsten

قرط

náušnice

طاقيّة

čepice

علاقة ثياب

ramínko

قبّعة

klobouk

ربطة العنق

kravata

سحّاب

zip

خوذة

helma

حمّالة البنطلون

kšandy

اللباس المدرسي

školní uniforma

زي موحّد

uniforma

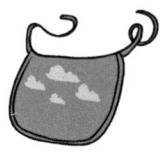

مريلة الأطفال

bryndák

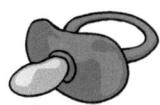

مصّاصة

dudlík

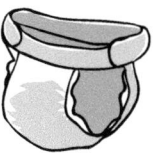

لفافة

plena

مكتب

kancelář

المخدّم
server
خزانة الملفات
kartotéka
طابعة
tiskárna
ورقة
papír
شاشة
monitor
طاولة المكتب
psací stůl
فارة
myš
ملف
šanon
لوحة المفاتيح
klávesnice
قماما
odpadkový koš na papír
كرسي
židle
حاسوب
počítač

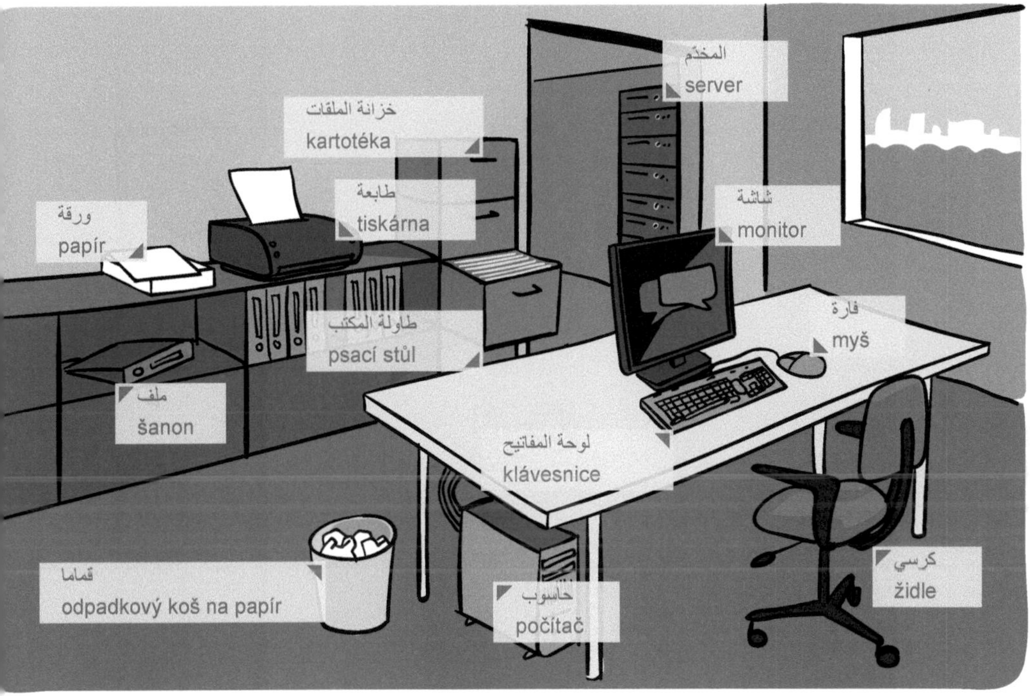

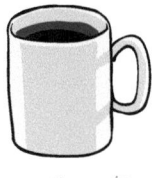

كأس من القهوة

hrnek na kávu

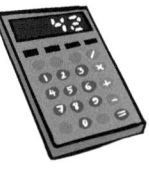

الآلة الحاسبة

kalkulačka

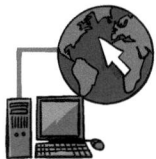

الإنترنت

internet

الحاسوب المحمول
....
notebook

رسالة
....
dopis

خبر
....
zpráva

الهاتف المحمول
....
mobil

شبكة
....
síť

جهاز تصوير
....
kopírka

البرمجيات
....
software

هاتف
....
telefon

مقبس كهربائي
....
zásuvka

فاكس
....
fax

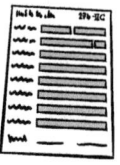

استمارة
....
formulář

وثيقة
....
dokument

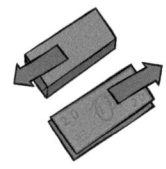

يشتري

nakupovat

يدفع

zaplatit

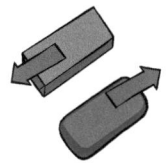

يتاجر

jednat

مال

peníze

دولار

dolar

يورو

euro

ين

jen

روبل

rubl

فرنك سويسري

frank

يوان

juan

روبية

rupie

صرّاف آلي

bankomat

مكتب صرافة

smĕnárna

ذهب

zlato

فضة

stříbro

نفط

olej

طاقة

energie

سعر

cena

عقْد

smlouva

ضريبة

daň

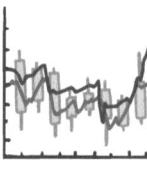

سهم

akcie

يعمل

pracovat

موظف

zaměstnanec

رب العمل

zaměstnavatel

مصنع

továrna

متّجر

obchod

الشرطي
policista

رجل إطفاء
hasič

طيّار
pilot

طبّاخ
kuchař

الطبيب
lékař

بستاني
zahradník

نجّار
truhlář

خيّاطة
švadlena

قاضٍ
soudce

كيميائي
chemik

ممثّل
herec

سائق حافلة

řidič autobusu

سائق تاكسي

řidič taxi

صياد سمك

rybář

أجيرة للتنظيف

uklízečka

بنّاء سقف

pokrývač

نادل

číšník

صيّاد

myslivec

رسّام

malíř

خبّاز

pekař

كهرباني

elektrikář

عامل بناء

stavební dělník

مهندس

inženýr

لحّام

řezník

سمكري

klempíř

ساعي البريد

listonoš

جندي

voják

مهندس معماري

architekt

أمين صندوق

pokladní

بائع الزهور

florista

حلاق

kadeřník

مراقب القطار

průvodčí

ميكانيكي

mechanik

قبطان

kapitán

طبيب أسنان

zubař

رجل العلم

vědec

حاخام

rabín

إمام

imám

راهب

mnich

كاهن

duchovní

عدة عمل
nářadí

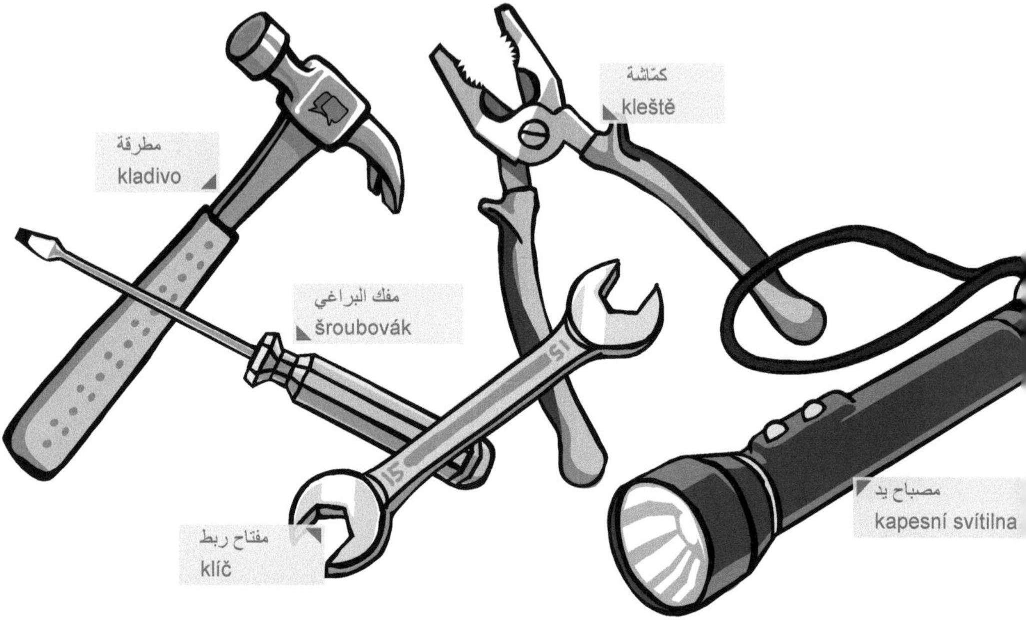

كمّاشة
kleště
مطرقة
kladivo
مفك البراغي
šroubovák
مفتاح ربط
klíč
مصباح يد
kapesní svítilna

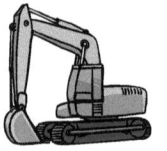

جرافة

bagr

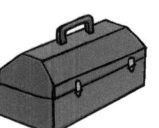

صندوق العدة

skříň na nářadí

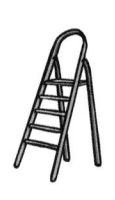

سلّم

žebřík

منشار

pila

مسامير

hřebíky

مثقب

vrtačka

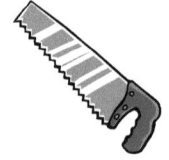

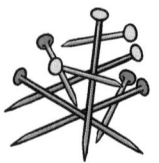

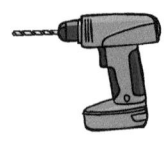

يصلح
....
opravit

مجرفة
....
lopata

اللعنة
....
Kurva!

لقاطة الكناسة
....
lopatka

سطل الألوان
....
vědroé na barvu

براغي
....
šrouby

آلات موسيقية

hudební nástroje

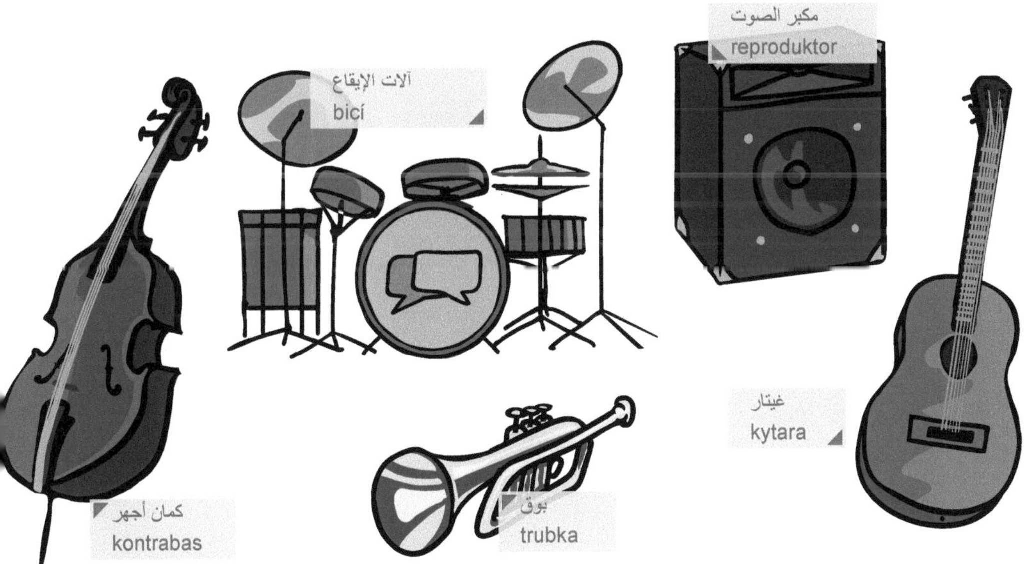

مكبر الصوت
reproduktor

آلات الإيقاع
bicí

غيتار
kytara

كمان أجهر
kontrabas

بوق
trubka

بيانو

klavír

كمنجة

housle

جهير

basa

طبل كبير

tympán

طبل

bubny

بيانو كهرباني

keyboard

ساكسوفون

saxofon

ناي

flétna

ميكروفون

mikrofon

نمر
tygr

مدخل
vstup

قفص
klec

حمار الوحش
zebra

علف للحيوانات
krmivo pro zvířata

دب باندا
panda

حيوانات

zvířata

فيل

slon

كنغر

klokan

وحيد القرن

nosorožec

غوريلا

gorila

دب

medvěd

جمل

velbloud

نعامة

pštros

أسد

lev

قرد

opice

طائر فلامينغو

plameňák

ببغاء

papoušek

دب قطبي

lední medvěd

بطريق

tučňák

سمك القرش

žralok

طاووس

páv

أفعى

had

تمساح

krokodýl

حارس في حديقة الحيوان

ošetřovatel zvířat

عجل البحر

tuleň

نمر أمريكي مرقط

jaguár

فرس قزم
....
poník

نمر
....
leopard

فرس النهر
....
hroch

زرافة
....
žirafa

نسر
....
orel

خنزير برّي
....
divoké prase

سمك
....
ryby

سلحفاة
....
želva

حيوان فظ البحري
....
mrož

ثعلب
....
liška

غزال
....
gazela

كرة القدم الأمريكية
americký fotbal

ركوب الدراجات
cyklistika

كرة التنس
tenis

كرة السلة
košíková

السباحة
plavání

هوكي الجليد
lední hokej

الملاكمة
box

كرة القدم
kopaná

الريشة الطائرة
badminton

ألعاب القوى الخفيفة
lehká atletika

كرة اليد
házená

التزلج على الثلج
běh na lyžích

بولو
vodní pólo

نشاطات
aktivity

يقفز
skočit
يعانق
objímat
يضحك
smát se
يمشي
jít
يغنّي
zpívat
يحلم
snít
يصلّي
modlit se
يقبل
políbit

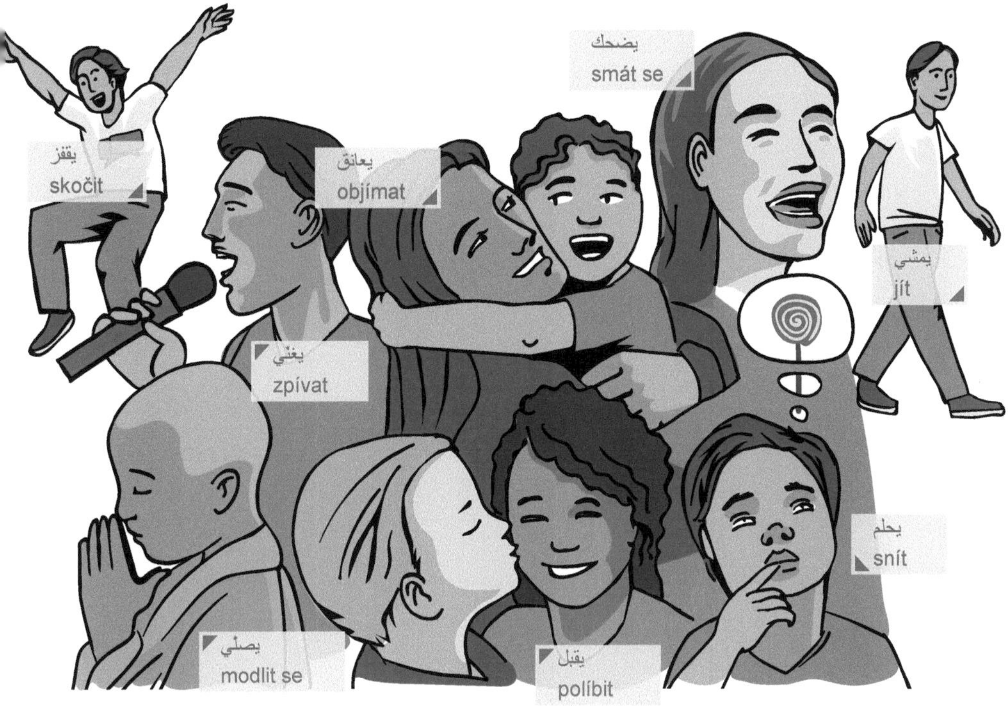

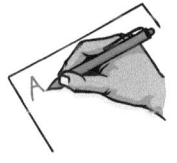

يكتب
....
psát

يرسم
....
kreslit

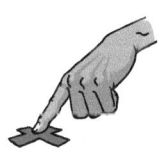

يُري
....
ukazovat

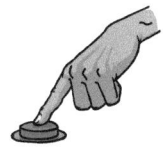

يدفع
....
tlačit

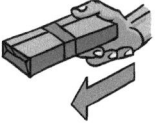

يعطي
....
dát

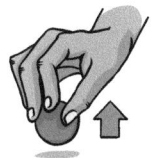

يأخذ
....
vzít si

يملك
....
mít

يعمل
....
dělat

يوجد
....
být

يقف
....
stát

يركض
....
běhat

يسحب
....
táhnout

يرمي
....
hodit

يقع
....
padat

يستلقي
....
ležet

ينتظر
....
čekat

يحمل
....
nosit

يجلس
....
sedět

يلبس
....
oblékat

ينام
....
spát

يستيقظ
....
vzbudit se

ينظر إلى ..
....
prohlédnout si

يبكي
....
plakat

يمسّد
....
pohladit

يمشّط
....
česat

يتكلم
....
hovořit

يفهم
....
rozumět

يسأل
....
ptát se

يسمع
....
slyšet

يشرب
....
pít

ياكل
....
jíst

يرتب
....
uklidit

يحب
....
milovat

يطبخ
....
vařit

يقود
....
jet

يطير
....
letět

يبحر بزورق شراعي

plachtit

يحسب

počítat

يقرأ

číst

يتعلم

učit se

يعمل

pracovat

يتزوج

vzít si

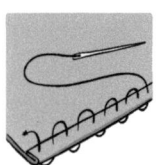

يخيط

šít

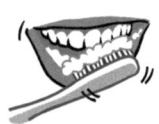

ينظف أسنانه

čistit si zuby

يقتّل

zabít

يدخّن

kouřit

يرسل

poslat

عائلة
rodina

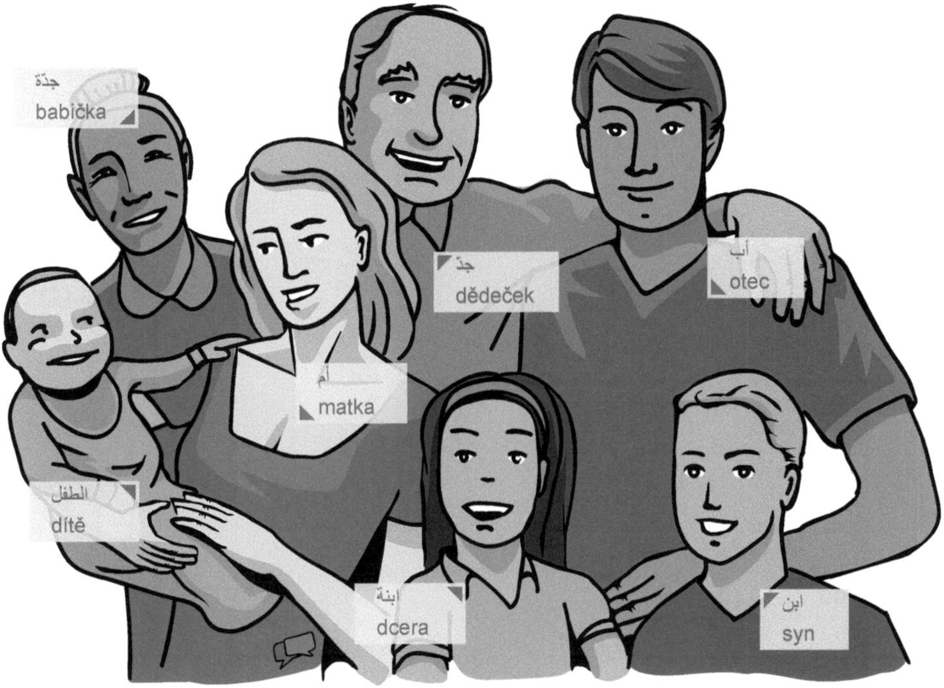

جدّة
babička
جدّ
dědeček
أب
otec
أم
matka
الطفل
dítě
ابنة
dcera
ابن
syn

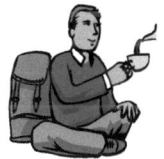

ضيف
host

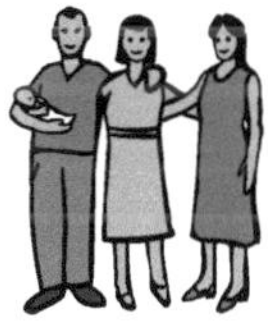

عمّة / خالة
teta

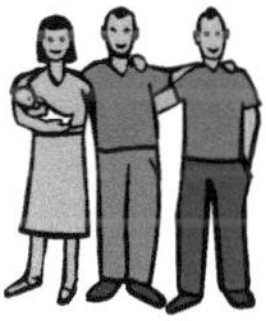

عمّ / خال
strýc

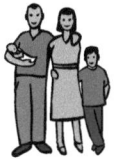

أخ
bratr

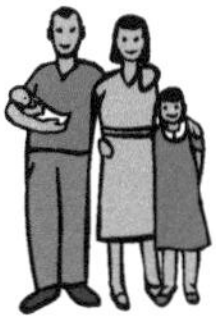

أخت
sestra

الجسم

tělo

الجبين
čelo
العين
oko
الكتف
rameno
الإصبع
prst
الوجه
obličej
الذقن
brada
اليد
ruka
الساق
dolní končetina
الصدر
hruď
الذراع
paže

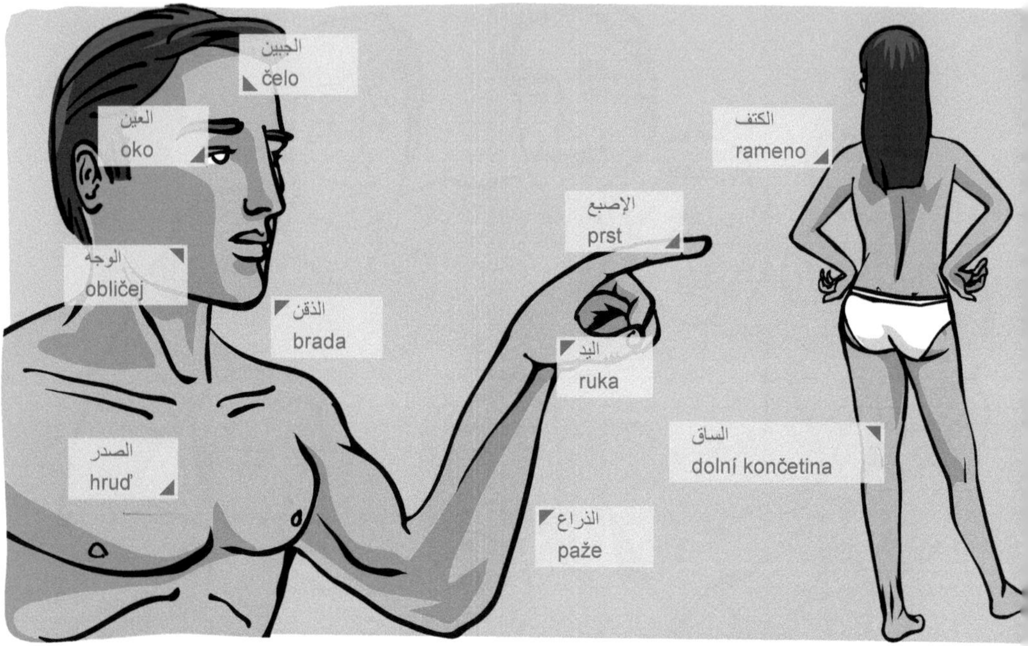

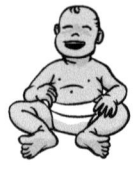

الطفل

dítě

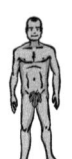

الرجل

muž

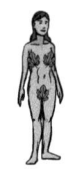

المرأة

žena

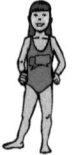

البنت

dívka

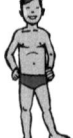

الولد

chlapec

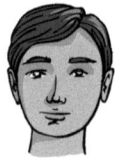

الرأس

hlava

الظهر

záda

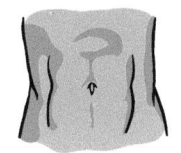

البطن

břicho

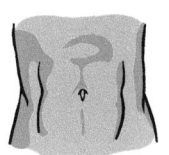

السرّة

pupík

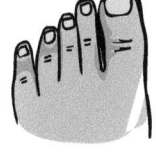

إصبع القدم

prst na noze

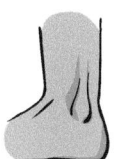

الكعب

pata

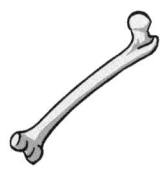

العظم

kost

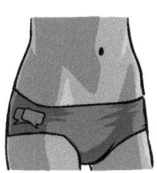

الورك

bok

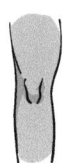

الركبة

koleno

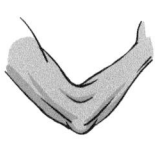

المرفق

loket

الأنف

nos

العَجُز

zadek

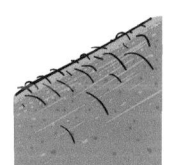

البشرة

kůže

الخد

tvář

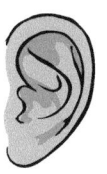

الأذن

ucho

الشفة

ret

الفم
....
ústa

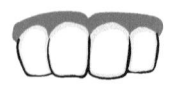

السن
....
zub

اللسان
....
jazyk

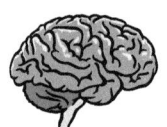

الدماغ
....
mozek

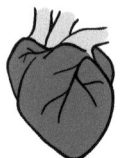

القلب
....
srdce

العضلة
....
sval

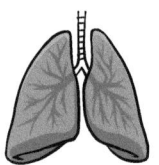

الرئة
....
plíce

الكبد
....
játra

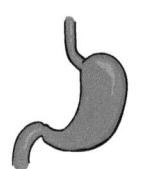

المعدة
....
žaludek

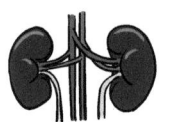

الكلى
....
ledviny

الاتصال الجنسي
....
pohlavní styk

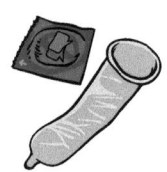

الواقي المطاطي
....
kondom

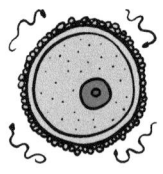

البويضة
....
vajíčko

المنيّ
....
sperma

الحمل
....
těhotenství

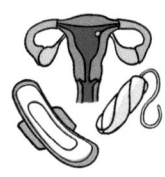

الحيض

menstruace

المهبل

vagina

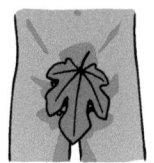

القضيب

penis

الحاجب

obočí

الشعر

vlasy

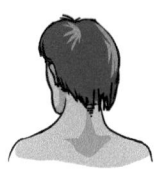

الرقبة

krk

المستشفى
nemocnice

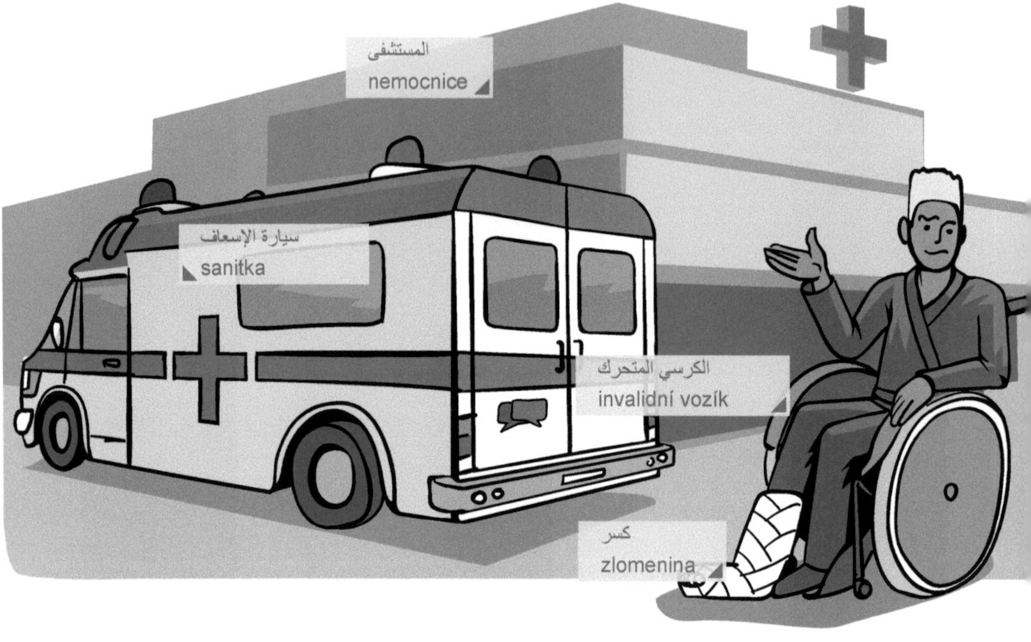

المستشفى
nemocnice
سيارة الإسعاف
sanitka
الكرسي المتحرك
invalidní vozík
كسر
zlomenina

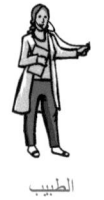

الطبيب

lékař

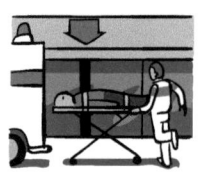

غرفة الإسعاف

pohotovost

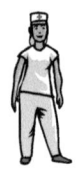

الممرضة

zdravotní sestra

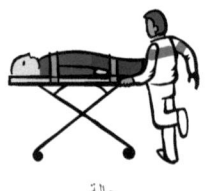

حالة

urgentní případ

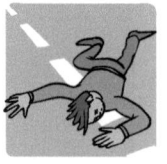

مغمى عليه

v bezvědomí

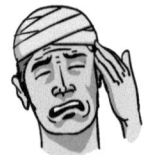

الألم

bolest

إصابة

úraz

النزيف

krvácení

احتشاء القلب

infarkt myokardu

جلطة

cévní mozková příhoda

حسسية

alergie

السعال

kašel

الحُمّى

horečka

إنفلونزا

chřipka

الإسهال

průjem

وجع الرأس

bolest hlavy

السرطان

rakovina

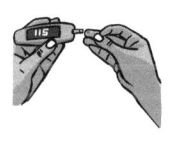

مرض السكر

cukrovka

جرّاح

chirurg

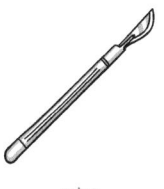

مبضع

skalpel

عملية

operace

سيتي سكان
CT

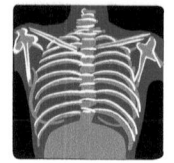

الأشعة السينية
rentgen

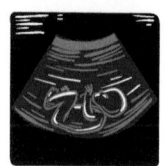

فوق الصوتي
ultrazvuk

القناع
maska

المرض
nemoc

غرفة الانتظار
čekárna

العُكّاز
berle

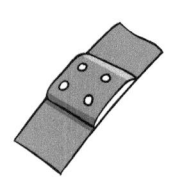

شريط لاصق
náplast

ضماد
obvaz

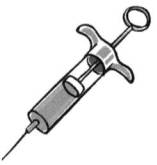

حقنة
injekce

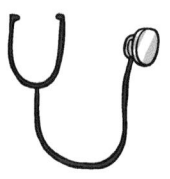

سمّاعة الطبيب
stetoskop

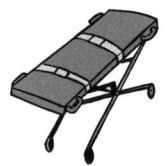

نقالة
nosítka

ميزان حرارة
teploměr

ولادة
porod

وزن زائد
nadváha

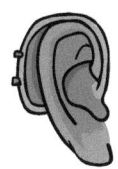

جهاز السمع

naslouchátko

المواد المعقمة

dezinfekční prostředek

عدوى

infekce

فيروس

virus

الإيدز

HIV / AIDS

الطب

lékařství

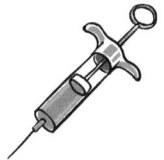

اللقاح

očkování

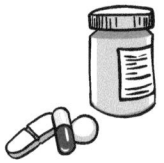

أقراص الدواء

tablety

حبّة الدواء

pilulka

نداء النجدة

tísňové volání

مقياس ضغط الدم

tonometr

مريض / صحيح

nemocný / zdravý

النجدة!

Pomoc!

إنذار

poplach

اعتداء

přepadení

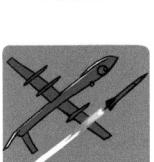

هجوم

napadení

خطر

nebezpečí

مخرج طوارئ

nouzový východ

حريق!

Hoří!

جهاز الإطفاء

hasicí přístroj

حادث

nehoda

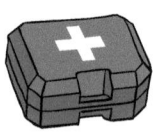

حقيبة الإسعاف الأولي

zdravotnická brašna

أنقذونا

SOS

الشرطة

policie

أوروبا

Evropa

أمريكا الشمالية

Severní Amerika

أمريكا الجنوبية

Jižní Amerika

أفريقيا

Afrika

آسيا

Asie

أستراليا

Austrálie

المحيط الأطلسي

Atlantik

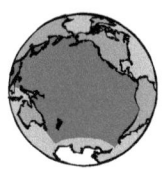

المحيط الهادي

Pacifik

المحيط الهندي

Indický oceán

المحيط المتجمد الجنوبي

Jižní ledový oceán

المحيط المتجمد الشمالي

Severní ledový oceán

القطب الشمالي

severní pól

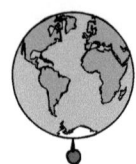

القطب الجنوبي
....
jižní pól

منطقة القطب الجنوبي
....
Antarktida

أرض
....
země

بر
....
pevnina

بحر
....
moře

جزيرة
....
ostrov

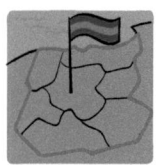

أمة
....
národ

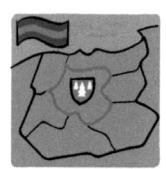

دولة
....
stát

ميناء الساعة

ciferník

عقرب الساعات

hodinová ručička

عقرب الدقائق

minutová ručička

عقرب الثواني

vteřinová ručička

كم الساعة الآن؟

Kolik je hodin?

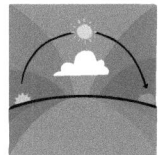

يوم

den

زمن

čas

الآن

teď

ساعة رقمية

digitální hodinky

دقيقة

minuta

ساعة

hodina

الإثنين
pondělí

MO

W الأربعاء
středa

الجمعة
pátek

FR

TU

TH

SA

الثلاثاء
úterý

السبت
sobota

SO

الخميس
čtvrtek

الأحد
neděle

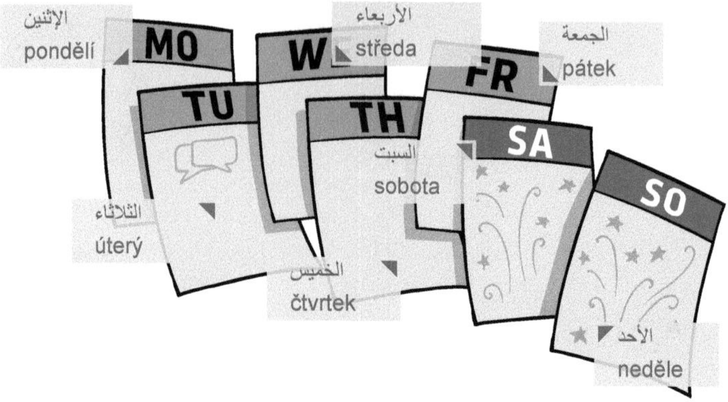

الأمس
....
včera

اليوم
....
dnes

غداً
....
zítra

الصباح
....
ráno

الظهر
....
poledne

المساء
....
večer

MO	TU	WE	TH	FR	SA	SU
1	2	3	4	5	6	7
8	9	10	11	12	13	14
15	16	17	18	19	20	21
22	23	24	25	26	27	28
29	30	31	1	2	3	4

أيام العمل
....
pracovní dny

MO	TU	WE	TH	FR	SA	SU
1	2	3	4	5	6	7
8	9	10	11	12	13	14
15	16	17	18	19	20	21
22	23	24	25	26	27	28
29	30	31	1	2	3	4

نهاية الأسبوع
....
víkend

سنة

rok

مطر
déšť
قوس قزح
duha
ثلج
sníh
ريح
vítr
الربيع
jaro
الخريف
podzim
الصيف
léto
الشتاء
zima

4.APRIL 11°
5.APRIL 4°
6.APRIL 13°
7.APRIL 8°
8.APRIL 10°

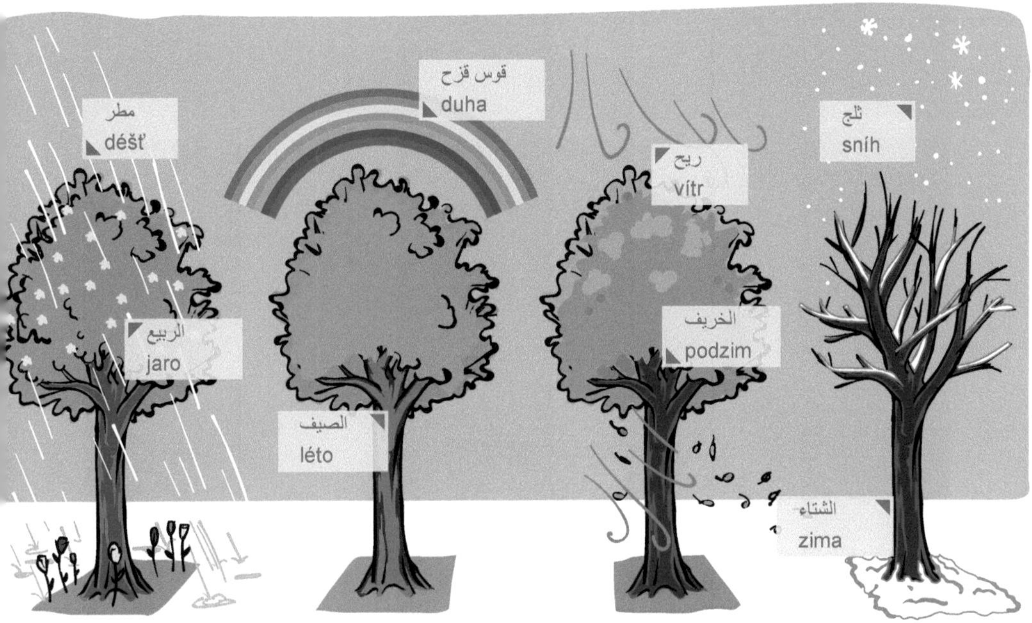

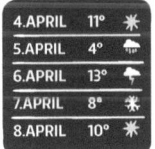

التنبؤ بالحالة الجوية

předpověď počasí

F
C
120
90
60
30
0
-30
40
30
20
10
0
-10
-20

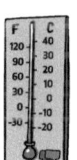

مقياس حرارة

teploměr

ضوء الشمس

sluneční svit

سحابة

mrak

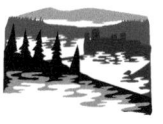

ضباب

mlha

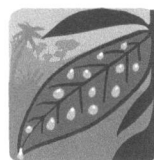

رطوبة الجو

vlhkost

برق
....
blesk

رعد
....
hrom

عاصفة
....
bouřka

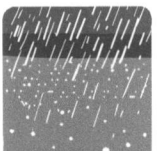

بَرَد
....
kroupy

ريح موسمية
....
monzun

طوفان
....
povodeň

جليد
....
led

كانون الثاني / يناير
....
leden

شباط / فبراير
....
únor

آذار / مارس
....
březen

نيسان / أبريل
....
duben

أيار / مايو
....
květen

حزيران / يونيو
....
červen

تموز / يوليو
....
červenec

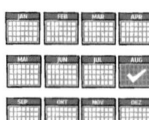

آب / أغسطس
....
srpen

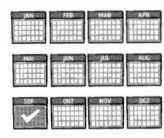

أيلول / سبتمبر
....
září

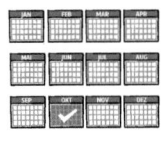

تشرين الأول / أكتوبر
....
říjen

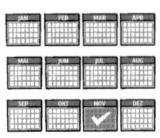

تشرين الثاني / نوفمبر
....
listopad

كانون الأول / ديسمبر
....
prosinec

أشكال

tvary

دائرة
....
kruh

مربّع
....
čtverec

مستطيل
....
obdélník

مثلّث
....
trojúhelník

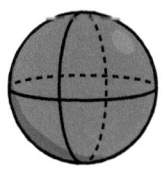

كرة
....
koule

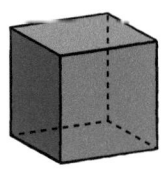

مكعب
....
krychle

أبيض

bílá

أصفر

žlutá

برتقالي

oranžová

وردي

růžová

أحمر

červená

بنفسجي

fialová

أزرق

modrá

أخضر

zelená

بني

hnědá

رمادي

šedá

أسود

černá

كثير / قليل

hodně / málo

غضبان / هادئ

rozzuřený / mírumilovný

جميل / قبيح

krásný / ošklivý

بداية / نهاية

začátek / konec

كبير / صغير

velký / malý

فاتح / قاتم

světlý / tmavý

أخ / أخت

bratr / sestra

نظيف / وسخ

čistý / špinavý

كامل / ناقص

úplný / neúplný

نهار / ليل

den / noc

ميّت / حيّ

mrtvý / živý

عريض / ضيّق

široký / úzký

صالح للأكل / غير صالح
....
jedlý / nejedlý

شرّير / لطيف
....
zlý / hodný

مثير / ممل
....
vzrušený / znuděný

سمين / نحيف
....
tlustý / hubený

أولا / أخيراً
....
nejdříve / naposledy

صديق / عدو
....
přítel / nepřítel

مليء / فارغ
....
plný / prázdný

صلب / ليّن
....
tvrdý / měkký

ثقيل / خفيف
....
těžký / lehký

جوع / عطش
....
hlad / žízeň

مريض / صحيح
....
nemocný / zdravý

غير شرعي / شرعي
....
ilegální / legální

ذكي / غبي
....
inteligentní / hloupý

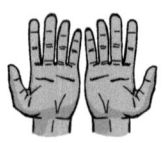

يسار / يمين
....
vlevo / vpravo

قريب / بعيد
....
blízko / daleko

جديد / مستعمل

nový / použitý

لا شيء / بعض الشيء

nic / něco

مسن / شاب

starý / mladý

يشعل / يطفئ

zapnutý / vypnutý

مفتوح / مغلق

otevřeno / zavřeno

خافت / عالٍ

tichý / hlasitý

غني / فقير

bohatý / chudý

صح / خطأ

správný / špatný

أحرش / أملس

drsný / hladký

حزين / سعيد

smutný / šťastný

قصير / طويل

krátký / dlouhý

بطيء / سريع

pomalý / rychlý

مبلول / جاف

vlhký / suchý

ساخن / بارد

teplý / chladný

حرب / سلم

válka / mír

0
صفر

nula

1
واحد

jedna

2
اثنان

dva

3
ثلاثة

tři

4
أربعة

čtyři

5
خمسة

pět

6
ستة

šest

7
سبعة

sedm

8
ثمانية

osm

9
تسعة

devět

10
عشرة

deset

11
أحد عشر

jedenáct

12

اثنا عشر
....
dvanáct

13

ثلاثة عشر
....
třináct

14

أربعة عشر
....
čtrnáct

15

خمسة عشر
....
patnáct

16

ستة عشر
....
šestnáct

17

سبعة عشر
....
sedmnáct

18

ثمانية عشر
....
osmnáct

19

تسعة عشر
....
devatenáct

20

عشرون
....
dvacet

100

مائة
....
sto

1.000

ألف
....
tisíc

1.000.000

مليون
....
milion

الإنكليزية

angličtina

الإنكليزية الأمريكية

americká angličtina

لغة ماندارين الصينية

standardní čínština

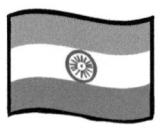

الهندية

hindština

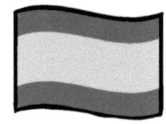

الإسبانية

španělština

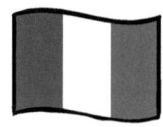

الفرنسية

francouzština

العربية

arabština

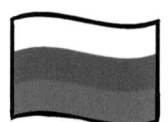

الروسية

ruština

البرتغالية

portugalština

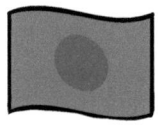

البنغالية

bengálština

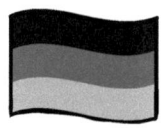

الألمانية

němčina

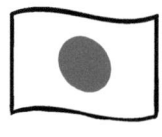

اليابانية

japonština

أنا

já

أنت

ty

هو / هي

on / ona / ono

نحن

my

أنتم

vy

هم

oni

من؟

Kdo?

ماذا؟

Co?

كيف؟

Jak?

أين؟

Kde?

متى؟

Kdy?

اسم

jméno

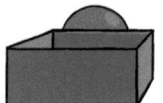

خلف
....
za

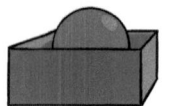

في
....
do

أمام
....
z

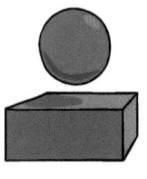

فوق
....
nad

على
....
na

تحت
....
mezi

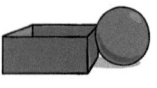

جنب
....
vedle

بين
....
mezi

مكان
....
místo